¡Mira lo que comemos!
Un primer libro sobre la alimentación saludable

Scot Ritchie

Traducción de Roxanna Erdman

VISTA
HIGHER LEARNING

SANTILLANA USA

Para Stacey. Eres maravillosa, ¡gracias! —S. R.

© 2022, Vista Higher Learning, Inc.
500 Boylston Street, Suite 620
Boston, MA 02116-3736
www.vistahigherlearning.com
www.loqueleo.com/us

© Del texto y las ilustraciones: 2017, Scot Ritchie

Publicado originalmente en Estados Unidos y Canadá bajo el título *Look What We Eat!: A First Book of Healthy Eating* por Kids Can Press.
Esta traducción ha sido publicada bajo acuerdo con Kids Can Press Ltd., Toronto, Ontario, Canadá.

Dirección Creativa: José A. Blanco
Vicedirector Ejecutivo y Gerente General, K–12:
    Vincent Grosso
Desarrollo Editorial: Lisset López,
    Isabel C. Mendoza
Diseño: Paula Díaz, Daniela Hoyos, Radoslav Mateev, Gabriel Noreña, Andrés Vanegas, Manuela Zapata
Coordinación del proyecto: Brady Chin,
    Tiffany Kayes

Derechos: Jorgensen Fernandez, Annie Pickert Fuller,
    Kristine Janssens
Producción: Oscar Díez, Sebastián Díez, Andrés Escobar, Adriana Jaramillo, Daniel Lopera, Daniela Peláez
Traducción: Roxanna Erdman

¡Mira lo que comemos!
Un primer libro sobre la alimentación saludable
ISBN: 978-1-54336-445-3

Todos los derechos reservados. Esta publicación no puede ser reproducida, ni en todo ni en parte, ni registrada en o transmitida por un sistema de recuperación de información, en ninguna forma ni por ningún medio, sea mecánico, fotoquímico, electrónico, magnético, electroóptico, por fotocopia o cualquier otro, sin el permiso previo, por escrito, de la editorial.

Published in the United States of America
1 2 3 4 5 6 7 8 9 KP 27 26 25 24 23 22

Contenido

Fresco de la granja	4
¡Comida para todos!	6
Granos grandiosos	8
Arcoíris de verduras	10
Proteínas poderosas	12
Lácteos deliciosos	14
¡Mmm, manzana!	16
¡Recarga energía!	18
Comida de otras partes del mundo	20
¡Vamos de compras!	22
¡Al horno!	24
¡Ponlo en el compost!	26
La fiesta de la cosecha	28
Postre de manzana	30
Palabras para aprender	32

Fresco de la granja

Nuestros cinco amigos van a recoger manzanas en la granja de la tía de Yuli. Quieren hacer un postre de manzana para llevarlo a la fiesta que habrá en el centro comunitario. Todos los vecinos llevarán platillos especiales para compartir y celebrar la cosecha de otoño, la época del año cuando los cultivos están listos para recolectarlos.

¿Alguna vez te has preguntado de dónde viene tu comida? ¿O cómo llega hasta tu mesa o tu lonchera? Una gran parte de nuestros alimentos se cultiva o se cría en las granjas.

Ella es mi tía Sara. Es granjera.

¡Comida para todos!

En el camino hacia la granja, los amigos conversan acerca de la celebración de la cosecha del año pasado. "¡Había muchísimos tipos de comida diferentes para probar!", dice Nick.

Hay muchos tipos de comidas. ¿Cuál es tu favorita? Los alimentos se pueden clasificar en grupos nutricionales, como granos, verduras, proteínas, lácteos y frutas. Comer una variedad de alimentos de cada grupo todos los días te brinda más energía para jugar y pensar, te ayuda a crecer y te hace más saludable.

Granos grandiosos

Antes de empezar a recoger manzanas, la tía Sara les muestra la granja a los chicos. La primera parada es el campo donde están sembrados el trigo y la avena.

"Estos granos crecen mejor cuando reciben mucho sol", dice la tía Sara. Los granos contienen mucha fibra, vitaminas y minerales. Obtienes lo mejor de ellos cuando comes el grano entero, como se encuentra en la avena, los panes y las tortillas integrales.

Arcoíris de verduras

La siguiente parada: ¡el huerto! Nick se sorprende al ver tantos tipos diferentes de verduras. Las remolachas y las zanahorias crecen bajo la tierra, pero otras verduras, como las calabacitas y los guisantes, crecen sobre el suelo.

Una deliciosa manera de obtener montones de nutrientes diferentes, que tu cuerpo necesita para crecer y mantenerse saludable, es comer una variedad colorida de verduras.

¡Mmm, este huerto se ve delicioso! Pero, ¿adónde se fueron corriendo Yuli y Max?

Proteínas poderosas

En el gallinero, la tía Sara les muestra a Sandra y Pedro cómo recolectar con cuidado los huevos recién puestos. Más tarde los huevos se limpiarán y revisarán antes de venderlos.

Los huevos son una gran fuente de proteína, y uno de los alimentos favoritos de Yuli. Ella está entusiasmada porque llevará algunos a casa para que su papá pueda preparar su famosa omelet de queso con tomate.

Pedro es alérgico al huevo y se enfermaría si los comiera, pero sabe que hay muchos otros alimentos deliciosos que puede comer sin riesgo y también son buenas fuentes de proteínas, como las nueces, el pescado, la carne, el tofu y los frijoles.

Lácteos deliciosos

Ahora los amigos han llegado al establo, donde se ordeñan las vacas y las cabras. Antes de venderla, la leche será pasteurizada, es decir, hervida a alta temperatura para eliminar los gérmenes dañinos.

La leche se usa para elaborar otros alimentos, como mantequilla, queso, yogurt y helado. La leche tiene muchos nutrientes, entre ellos el calcio, que ayuda a tener huesos y dientes fuertes. Por suerte para Nick, su bebida favorita es un vaso de leche fría. ¡Ñam!

Martín revisa la receta del postre de manzana y ve que lleva mantequilla. Comprarán un poco en la tienda, junto con los demás ingredientes.

¡Mmm, manzana!

Los amigos han llegado al huerto de los árboles frutales. ¡Es hora de recoger algunas manzanas!

La tía Sara sabe cuándo están listas las manzanas para ser cosechadas porque cuenta los días a partir de la primera floración de los árboles. Por su color, aroma y sabor, también puede darse cuenta cuándo está madura la fruta.

"Comiencen a cortar por la parte externa del árbol. Esas manzanas son las más maduras. Y recuerden: si tuercen la manzana para separarla de la rama, ¡es más fácil!", dice la tía Sara. Todos ponen manos a la obra y pronto se llenan los canastos.

Las frutas, como estas manzanas, son golosinas naturales cargadas de vitaminas y minerales.

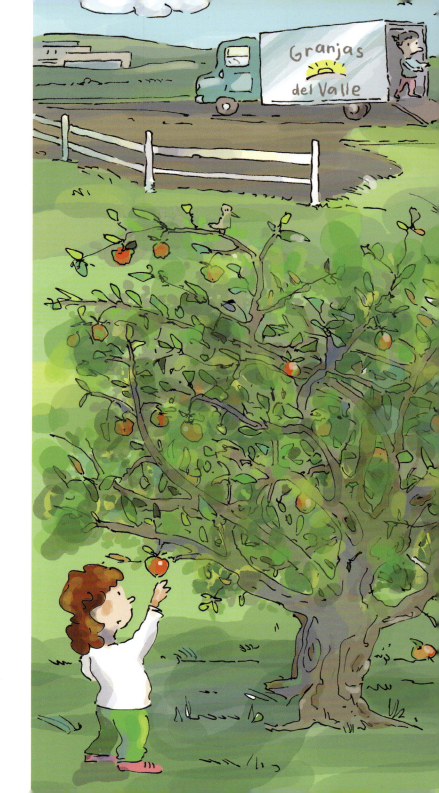

¡Recarga energía!

¡Fiuu! Recoger manzanas es un trabajo duro. Todos están un poco cansados y hambrientos; ¡es hora de descansar y recargar combustible!

La tía Sara y los niños disfrutan una merienda de galletas integrales, queso, humus y zanahorias. ¡Y manzanas también, por supuesto! Los amigos saben que los alimentos nutritivos les dan mucha energía.

También se aseguran de beber agua. Tu cuerpo necesita alimento y agua para trabajar bien.

Olaf y Max también necesitan reponer fuerzas. Pedro se encarga de que ellos también tengan comida y agua.

Comidas de otras partes del mundo

Es hora de ir a casa y comenzar a cocinar, así que todos suben de nuevo a la camioneta.

En el camino pasan por un gran almacén de alimentos. Los alimentos que no se cultivan o producen en la localidad llegan por camión, avión, tren o barco y se almacenan aquí.

Del almacén, los alimentos se transportan a los mercados para venderlos.

¡Vamos de compras!

El grupo tiene todas las manzanas que necesita, pero debe hacer una parada en el mercado para comprar los demás ingredientes.

Martín encuentra el pasillo donde están la avena y la harina. Nick y Sandra buscan todo lo demás: mantequilla, azúcar moreno, nuez moscada y canela. Mientras la tía Sara paga, Pedro descubre algo: ¡huevos de las Granjas del Valle!

Los alimentos que se producen localmente, como las manzanas y los huevos de la granja de la tía Sara, se pueden llevar directamente a las tiendas cercanas o a los mercados de productores. ¡Son muy frescos!

¡Al horno!

El papá de Pedro ofreció ayudar a los amigos a preparar el postre.

Antes de empezar, todos se lavan muy bien las manos con agua y jabón. También lavan las manzanas.

El papá de Pedro comienza por pelar y cortar las manzanas. Sandra y Yuli miden todos los ingredientes.

Nick y Martín siguen las instrucciones de la receta. ¡Vaya desorden!

Mmm, ¡me está dando hambre otra vez!

¡Ponlo en el compost!

Mientras se hornea el postre, Yuli y Pedro corren al patio a echar las cáscaras de manzana en el recipiente del compost.

Compost son los desperdicios orgánicos de la comida, como cáscaras de frutas y de huevos, que se juntan para que se vayan descomponiendo, o pudriendo, de manera natural. Después puede servir de alimento para las plantas.

Hacer compost con los desperdicios de comida es otra manera de reciclar. El papá de Pedro mezcla el compost con la tierra de su jardín para ayudar a que crezcan las plantas.

La fiesta de la cosecha

¡Mmm, el postre de manzana huele delicioso! Una vez que se enfría, los amigos lo llevan a la fiesta en el centro comunitario.

Yuli pone el postre cerca de los tamales de la señora Martínez y los pirogi de papa con queso del señor Gorski.

¡A comer! ¿Con quién te gustaría compartir una comida?

La mesa está repleta de platillos deliciosos. ¡Qué manera tan maravillosa de celebrar la cosecha!

Postre de manzana

Esta receta da para ocho porciones. Necesitarás un molde para hornear de 9 x 13 pulgadas (22 x 33 cm); un pelador; un cuchillo pequeño y afilado; un tazón mediano, y cucharas y tazas para medir.

IMPORTANTE: pídele a un adulto que te ayude a preparar esta receta. El adulto tiene que estar a cargo de la estufa y de cortar o rebanar.

Ingredientes

ocho manzanas, peladas, descorazonadas y rebanadas
1 ½ tazas (375 ml) de azúcar moreno
1 taza (250 ml) de harina
1 taza (250 ml) de avena
1 cucharadita (5 ml) de canela
1 cucharadita (5 ml) de nuez moscada
½ taza (125 ml) de mantequilla fría, cortada en pedacitos

1. Calienta el horno a 375 grados Fahrenheit (190 grados Celsius).

2. Engrasa ligeramente el molde con mantequilla.

3. Cubre el fondo del molde con una capa pareja de rebanadas de manzana.

4. Aparte, mezcla los ingredientes secos (azúcar moreno, harina, avena, canela y nuez moscada) en el tazón.

5. Echa los trocitos de mantequilla en la mezcla y amasa todo hasta que quede como un montón de migajas.

6. Espolvorea la mezcla sobre las manzanas.

7. Hornea durante unos 30 minutos, hasta que la cobertura esté ligeramente dorada.

8. Sácalo del horno y deja que se enfríe antes de servirlo.

9. ¡Disfrútalo!

Palabras para aprender

alergia: cuando el sistema inmunológico de una persona reacciona a algo que ha comido, tocado o respirado como si fuera algo dañino. Una persona que tiene una reacción alérgica puede presentar una erupción en la piel o ronchas, tener náuseas y hasta problemas para respirar. Es importante saber si alguien tiene alergia a algún alimento antes de compartirle tu comida. Las personas pueden ser alérgicas a muchos alimentos, entre ellos el maní, el pescado y el trigo.

calcio: mineral que se encuentra en los productos provenientes de la leche, pero también en otros alimentos como verduras de hoja verde, almendras y sardinas. El calcio ayuda al crecimiento de huesos y dientes fuertes.

carbohidrato: nutriente que le brinda energía a tu cuerpo.

fibra: carbohidrato que proviene de las plantas que comemos. La fibra ayuda a que los alimentos se muevan por tu sistema digestivo.

fruta: parte de la planta que contiene la semilla y la mayoría de los nutrientes. Por lo general comemos sólo la parte de la fruta que crece alrededor de la semilla.

grano: semilla y fruto de un cereal, como el trigo y la avena, que proporciona proteínas, vitaminas, minerales, carbohidratos y fibra.

lácteos: grupo de alimentos entre los que se incluyen la leche y productos elaborados con leche de vaca, oveja y cabra. Muchas personas sustituyen los lácteos con alimentos elaborados a base de leche de soya, leche de coco, leche de almendra o leche de arroz.

nutriente: sustancia de la comida que proporciona energía y ayuda a que el cuerpo se desarrolle y funcione bien.

pasteurizar: proceso de calentar un líquido, como la leche, a una temperatura lo suficientemente alta como para matar los gérmenes.

proteína: nutriente de los alimentos que brinda protección al sistema inmunológico y ayuda al desarrollo de músculos y órganos.

verdura: hoja, raíz o tallo de una planta que se puede comer. Las verduras son una buena fuente de fibra y vitaminas.